필립 번팅 글·그림 ───────────

세계적으로 인기 있는 어린이책 작가이자 세 아이의 아빠입니다. 잠이 부족하고 시간에 쫓겨 확 늙어 버린 부모들과 그 아이들을 위한 그림책 만들기를 좋아합니다. 영국의 레이크 디스트릭트에서 자랐으며, 지금은 호주 누사 근처 언덕에서 가족들과 함께 살고 있습니다. 2017년 첫 책을 출간한 후 2018년 호주 어린이 도서 선정 위원회 명예상을 받았고, 케이트 그리너웨이 상 후보에 오르기도 했습니다. 작가의 책은 여러 언어로 번역되어 전 세계 30여 개국에서 출간되었습니다. 『빅뱅이 뭐예요?』, 『미생물, 네가 궁금해!』, 『민주주의야, 반가워!』 등을 쓰고 그렸습니다.

황유진 옮김

연세대학교에서 영어영문학을 전공하고, 한겨레 어린이 청소년 번역가 그룹에서 공부한 후 프리랜서 번역가로 활동하고 있습니다. 옮긴 책으로 『지구는 네가 필요해!』, 『돌 하나가 가만히』, 『딕 브루너』, 『미생물, 네가 궁금해!』 등이 있습니다. 그림책과 글쓰기로 어른들의 마음 돌봄을 도우며, 쓴 책으로 『어른의 그림책』과 『너는 나의 그림책』이 있습니다.

지구는 네가 필요해!

필립 번팅 글·그림 황유진 옮김

북극곰

자연에는 쓰레기가 없어.

아주아주 먼 옛날, 사람이 살기 전에는 자연에 쓰레기가 없었어.
진짜 하나도 없었어. 모든 건 땅에서 자연스럽게
자라나고 사라지며 새롭게 쓰였지.

식물, 플랑크톤, 동물의 그 어떤 부분도 버려지지 않았어.
살아 있는 모든 건 결국 땅으로 돌아가 새로운 생명을 만들어 냈지.

한번 예를 들어 볼게.

1. 먼 조상이 바나나를 먹고, 껍질을 아무 데나 버려.
2. 그 조상이 실수로 껍질을 밟았다가 죽고 말았어.
3. 죽은 조상의 몸과 바나나 껍질을 박테리아가 썩게 해. 몸은 천천히 썩으면서 땅으로 돌아가지.
4. 곰팡이, 개미, 지렁이와 다른 미생물들이 몸을 더 썩게 하면, 영양분이 되어 땅으로 들어가.
5. 얼마 후 영양분이 풍부한 흙이 새 바나나 씨앗의 멋진 집이 되어 주지.
6. 씨앗은 곧 묘목으로 자라나.
7. 묘목은 흙의 영양분을 먹고 새로운 바나나 나무가 돼.
8. 먼 조상의 다음 세대도 조심성 없이 바나나 껍질을 아무 데나 버려. 그래서 똑같은 일이 되풀이되지.

이 책을 만들면서 어떤 조상도 해치지 않았어. 정말이야!

요즘 세상에는 쓰레기가 왜 이렇게 많은 걸까?

인류 역사의 오랜 시간 동안,
우리는 땅에서 바로 가져온 것으로
쓰고 먹고 만들고 가지고 놀았어.
그래서 쓰레기가 거의 나오지 않았지.

하지만 수백 년 전에 부지런한 인간들이
산업화를 이루었어. 역사상 처음으로
자연에서 직접 가져오지 않은 재료로
물건을 만들었지. 이런 물건들이 아주아주
많이 만들어졌어.

물건을 더 많이 만들수록 쓰레기가
더 많이 나와. 오늘날에는 그 어느 때보다
많은 물건이 쏟아지고 있어.
결국 우리가 산더미 같은
쓰레기를 만들고 있는 거야.

① 나무는 숲에서 행복하게 자라면서 자기 할 일을 해. 공기 중에 있는 이산화 탄소를 빨아들여 우리에게 꼭 필요한 산소로 바꿔 주지.

헉.

② 나무를 잘라.

이산화 탄소(CO_2)는 온실가스야. 온실가스는 대기 중에 머물며 열을 흡수해. 이산화 탄소가 대기 중에 너무 많으면 우리의 지구는 자연히 뜨거워지지.

쓰레기는 왜 지구에 해로울까?

우리가 물건을 만들거나 물건을 다 쓰고 나면 쓰레기가 생겨.
스케치북을 예로 들어 볼게. 스케치북을 만드는 모든 단계에서 쓰레기가 생겨.
불행히도, 우리가 사용하고 먹고 입고 노는 모든 걸 만들 때마다 비슷한 일이 일어나.

10a 만약 종이를 재활용 통에 버리지 않으면, 종이는 매립지로 가게 돼. 땅속 커다란 구덩이에서 천천히 썩어가면서, 메탄과 이산화 탄소와 다른 온실가스를 내뿜지.

10b 만약 종이를 재활용 통에 버리면, 종이는 새로운 종이 제품으로 다시 태어날 수 있어. 아마 스케치북이 되겠지! 헌 종이를 스케치북으로 다시 만들면, 처음부터 새 스케치북을 만드는 것보다 쓰레기를 줄일 수 있어.

집에서 어떤 쓰레기가 나올까?

우리가 살아가면서 쓰레기를 만들지 않을 수는 없어.
그래서 우리가 만들어 내는 쓰레기를 이해해야 해.
그래야 무엇이라도 할 수 있으니까.

지구를 지키려면 먼저 집에서부터 노력해야 해.
집에서 일주일 동안 어떤 쓰레기들이
주로 나오는지 살펴보자.

종이

우리는 종이와 상자를 버려. 한꺼번에 모아서 버리는
경우도 많아. 또 스케치북, 인쇄물, 영수증 등
여러 종이를 버리지.

음식 쓰레기

유통기한이 지났거나 안 먹은 음식, 요리하다가 남은
자투리 재료 등이 엄청난 양의 쓰레기로 버려져.*
선진국에서는 가정 쓰레기의 절반이 음식 쓰레기래.

*쓰레기 더미에 아이스크림은 안 보이네. 아이스크림은 버려지는 경우가 거의 없어. 왜 그럴까?

플라스틱

세계 곳곳에서 플라스틱을 쓰고 있어. 무척 편리하지만, 쓰레기의 대부분을 차지하기도 해. 음료수병, 포장재, 빨대, 우유병, 낡은 칫솔….

유리

집에서 버리는 유리의 대부분은 음식이 담긴 병이야. 유리 눈알을 버리는 경우는 드물어.

금속

음식을 보관한 깡통, 포일, 알루미늄 캔, 병뚜껑, 용수철, 클립, 철사 심, 못, 구부러진 숟가락 등이 있어.

고장 난 물건

고칠 수 없거나 재활용하기 어려운 물건들도 많이 버려져. 깨진 전구, 다 쓴 건전지, 서랍 뒤에서 나온 낡은 속옷도 말이야.

쓰레기가 썩는 데 얼마나 걸릴까?

집에서 나오는 쓰레기는 대부분 매립지로 가. 매립지는 커다란 구덩이가 있는 곳이야. 쓰레기는 매립지의 구덩이에서 천천히 썩으며 분해되지. 우리가 처음 쓰레기통에 버린 물건이라고는 도저히 생각할 수 없을 때까지 말이야. 쓰레기를 이루는 재료가 무엇이냐에 따라, 쓰레기는 진짜 진짜 오랫동안 남아 있을 수도 있어.

유리병 봤어? 썩는 데 100만 년이나 걸린대!
쓰레기를 적절한 방법으로 버리는 게 얼마나 중요한지 알겠지?

쓰레기는 평생 사라지지 않을 거야.
그러니 쓰레기를 올바른 장소에 버리는 것이 무척 중요해.
우리가 버린 쓰레기는 어디로 가는 걸까?

쓰레기의 여행지 1
매립지

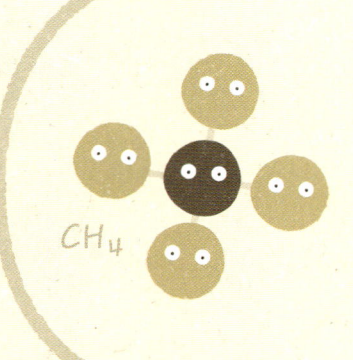

우리가 집에서 버린 쓰레기는 대부분 매립지로 가.
매립지에는 어마어마하게 큰 구덩이가 있는데,
여기 버려진 쓰레기들은 아주 천천히 썩어.

매립지에서는 쓰레기가 썩으면서 이산화 탄소(CO_2),
메탄(CH_4) 같은 온실가스가 나오지. 온실가스 때문에 우리 지구가
빠르게 더워지고 있어. 그러니 매립지로 가는 쓰레기가 적을수록 더 좋겠지?

쓰레기의 여행지 2
재활용

다행스럽게도, 쓰레기를 매립지로 보내지 않는 방법이 있어. 재활용하는 거지!

쓰레기를 땅에 묻는 대신 재활용할 수 있어. 쓰레기를 깨끗이 씻어서 잘게 부수면 원재료가 돼. 그러면 원재료로 새로운 재활용 제품을 만들 수 있지.

재활용하여 물건을 만들면, 처음부터 새 물건을 만드는 것보다 쓰레기가 적게 나와.

플라스틱을 재활용해서 새 옷을 만들 수 있어!

쓰레기의 여행지 3
자연

쓰레기가 흘러가는 최악의 장소는
바로 자연이야.

어이!

무심코 휙 버린 쓰레기가 쓰레기통이나
재활용 통에 들어가지 않을 때 이런 일이
생겨. 쓰레기가 자연에 버려지는 일이
더 많아지고 있어. 정말 슬픈 일이야.

이런 쓰레기는 대부분 하수도, 시냇물,
강을 거쳐 결국 바다에 도착해.
그래서 해양 생물들이 큰 재앙을 겪지.

자연이나 길가에서 쓰레기를 보면
꼭 주워서 쓰레기통에 넣어 주면 좋겠어.
줍기 전에 주변이 안전한지 꼭 살펴보도록 해.

안 돼, 펠리컨!

↑ 음식 쓰레기는 비료가 될 수 있어. 미생물들이 무척 행복해할 거야.

쓰레기의 여행지 4
새로운 용도

때로 다 쓴 물건을 새롭게 쓰기도 하고, 그 물건을 필요한 사람에게 보내 주기도 하지.

↑ 네가 훌쩍 자라면 옷이 작아질 거야. 그럼 옷은 중고 매장에 보내거나 동생들에게 물려줄 수 있어.

낡은 병에는 네가 모은 조약돌을 담아 두면 되지!

깡통은 전화로 만들어서 놀 수 있고!

어떻게 쓰레기 문제에 맞설 수 있을까?

혼자서는 힘들어. 하지만 지구상에는 거의 80억 명의 사람들이 살고 있어.
모두 조금씩 힘을 합치면, 많은 걸 바꿀 수 있을 거야.
지구를 도울 다섯 가지 방법을 소개할게.

1 줄이기

덜 사고, 잘 사기

쓰레기를 줄이는 가장 좋은 방법은 물건을 덜 사는 거야! 물건 중에는 꼭 필요하지 않거나 오래 사용하지 못하는 것들이 많아. 물건을 사거나 쓰기 전에, 진짜 필요한지 생각해 봐. 정말 필요하다면, 쉽게 망가지는 물건보다 품질이 좋은 물건을 골라.

값싼 새 장난감을 샀어.   겨우 하루 지났는데…

에너지 아끼기

집에서 쓰는 전기는 연료를 태워 만드는 경우가 많아. 연료를 태우면 에너지 낭비가 심하고 환경이 파괴돼. 변화를 직접 볼 수는 없더라도, 집에서 에너지를 절약하면 쓰레기도 줄이고 지구의 온도도 낮출 수 있어. 함께 지키면 좋을 다섯 가지 방법을 살펴보자.

전원 끄기
텔레비전이나 컴퓨터를 쓰지 않을 때는 전원을 꺼 둬. 전등도 끄고.

에어컨 줄이기
여름에 에어컨을 켜는 대신 창문을 열고 선풍기를 틀어.

겹겹이 입기
겨울에 난방을 켜는 대신 모자와 두꺼운 옷을 챙겨 입어.

수도꼭지 잠그기
물이 똑똑 떨어지지 않게 수도꼭지는 꼭 잠그고, 샤워는 짧게! 물을 깨끗하게 하고 데우는 데도 에너지가 들거든.

전자 제품 없이 놀기
밖에 나가서 놀아! 책을 읽거나 재미있는 농담을 즐길 수도 있겠지. 전기를 쓰지 않고도 즐길 수 있는 게 많아.

일회용 플라스틱

우우우우우우우!

우리가 꼭 해결해야 할 아주 심각한 쓰레기 문제가 있어.
바로 바다를 오염시키는 플라스틱이야. 딱 한 번 쓰고
버려지는 일회용 플라스틱 제품 때문에 많은 문제가 생기지.

해양 동물들이 플라스틱 쓰레기를 먹이로 착각해서
끔찍한 일들이 일어나.

배고픈 거북이 눈에는
떠다니는 비닐봉지가
맛있는 해파리처럼 보여.

일회용 플라스틱 제품을 덜 쓰면 지구를 지킬 수 있어.
가족과 친구들에게도 같이 실천하자고 해 봐. 우리가
일회용품을 덜 쓰면, 결국 회사도 덜 만들게 되겠지.
쓸모없는 물건을 사지 않으면, 쓸모없는 물건도
만들지 않을 거고!

② 재사용하기

재사용한다는 건 가능한 오랫동안 물건을 간직하는 거야. 물건을 매립지에 보내는 대신 다시 사용할 방법이 있는지 생각해 봐.

→ 헌 양말로 인형을 만들어 봐! 일단 양말은 꼭 빨아야 해. 냄새나는 양말 쇼를 좋아하는 사람은 거의 없거든.

고장 나면 고치면 되지!

물건들은 언젠가 고장 나지만, 대부분 고칠 수 있어. 고쳐서 쓰는 물건이 때론 더 특별하게 느껴질걸? 고치는 것도 물건의 역사가 되니까.

↑ 친절한 어른에게 고장 난 물건을 고쳐 달라고 부탁해 봐.

기부할 수도 있어.

재사용할 수는 없지만 상태가 좋은 물건이라면, 중고 매장에 기부해 봐. 매립지로 가는 쓰레기도 줄이고 새 상품을 다시 만들 필요가 없으니, 지구를 지키는 일이야.

↑ 중고 매장은 중고품 할인 판매점, 재사용 나눔 가게, 알뜰 상점 등 다양한 이름으로 불려.

달걀판을 재사용해서 채소를 키워 봐!

필요한 것

쓰고 남은 달걀판　　장갑　　채소 씨앗　　찻숟가락　　혼합 배양토　　물
(달걀은 필요 없어!)　　　　　　　　　　　　　　　　　　(흙)

어떻게 하면 될까?

아, 아늑해!

❶ 흙 채우기
달걀판의 움푹 파인 칸마다 배양토를 부어. 위에 1 cm 정도를 남기고 흙을 채워.

❷ 씨앗 심기
칸마다 두세 개 씨앗을 심고 흙을 1 cm 두께로 덮어 줘.

❸ 흙을 살짝 눌러 주기
장갑을 낀 채, 씨앗이 자리를 잘 잡도록 흙 위쪽을 살짝 눌러 줘.

❹ 물 주기
찻숟가락으로 물을 조금 줘. 흙 위쪽이 부드럽고 촉촉해질 때까지.

❺ 적당한 장소 찾기
집에서 밝고 적당한 장소를 찾아 봐. 직사광선은 피하고. 어린 싹을 틔우기에는 창문턱이나 베란다 같은 곳이 좋을 거야.

❻ 잘 살펴보기
매일 밤낮으로 씨앗을 들여다봐. 흙 위쪽이 약간 마른 것 같으면, 찻숟가락으로 물을 조금 줘. 흙은 촉촉해야 하지만 푹 젖어선 안 돼.

❼ 싹이 텄다!
아마 일주일 안에 싹이 틀 거야. 충분히 자라면, 어린 모종을 달걀판 그대로 땅에 심거나 더 큰 화분이나 용기에 옮겨 줘!

↓

뿌리는 달걀판을 뚫고 자랄 거야.
달걀판은 *거름*이 될 거고!

③ 재활용하기

재활용을 하면 매립지에 보내는 쓰레기를 줄일 수 있어. 지구를 돕는 가장 쉬운 방법 중 하나지.

그래, 할 수 있어!

재활용은 이미 만들어진 재료를 재사용하는 과정이기 때문에 지구에서 가져다 쓸 자원을 줄일 수 있어.

어떤 물건을 매립지로 보내는 대신 재활용하면, 우리는 그 물건에 새롭고 아름다운 삶을 선물할 수 있지!

집에서 무엇을 재활용할 수 있을까?

아쉽지만 모든 쓰레기를 재활용할 수 있는 건 아니야.
무엇을 재활용할 수 있고 없는지, 아래 그림을 잘 살펴봐.

재활용할 수 있어!

♻ 딱딱한 플라스틱
- 음료수병
- 주스와 우유병
- 과일 바구니
- 샴푸 통
- 일회용 그릇

♻ 금속
- 알루미늄 캔
- 깡통
- 스프레이 통
- 포일

↑ (공처럼 **단단히** 뭉쳐)

♻ 유리
- 음식 단지
- 녹색병
- 갈색병
- 투명 물병

♻ 종이
- 스케치북
- 문서
- 잡지, 신문
- 광고 우편
- 종이 상자

↗ 재활용하기 전 종이 상자에
잊은 물건이 없는지 꼭 확인해 봐.

재활용할 수 없어!

✖ 살림살이
- 오래된 옷이나 천
- 고장 난 장난감
- 그릇
- 부서진 전구

✖ 의료 폐기물
- 붕대
- 기저귀
- 물티슈
- 주사기
- 유리 눈알

✖ 지저분한 비닐
- 비닐 랩
- 접착테이프가 붙은 비닐
- 음식물이 묻어 있는 비닐

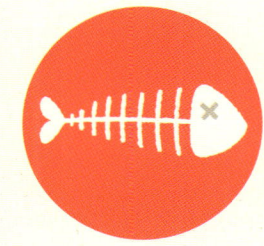
✖ 유기성 폐기물
- 음식 쓰레기
- 정원 쓰레기
- 머리카락
- 반려동물 똥
- 죽은 반려동물

↑ 비닐을 깨끗이 하고 접착테이프를 제거하면
재활용할 수 있어.

④ 재탄생시키기

음식 쓰레기 문제도 아주 심각해.
선진국에서는 매립지에 묻히는 쓰레기 중
거의 절반이 음식 쓰레기야.

매주 너희 집에서 나오는
쓰레기의 절반을 차지한다고!

집에 가져온 음식 다섯 봉지 중에서
한 봉지 정도가 버려지고 있어.

매립지에서 음식 쓰레기가 썩을 때 메탄이 나와.
메탄은 자연적으로 나오는 가스지만, 대기 속 열을 붙잡아 둬.
지구 온난화의 원인이 되어 여러 문제를 일으키지.

짝꿍의 방귀 냄새 맡아 봤지?
자연적으로 나오는 가스가 다 좋은 건 아니야. 정말이야!

하지만 좋은 소식이 있어! 음식 쓰레기는 지구에서
저절로 생겨난 거잖아. 그러니 매립지로 보내
해로운 가스를 내뿜게 두는 대신에
자연의 흐름에 맞게 재탄생시킬 수 있어.

야, 이거 놔!

바로 비료로 만드는 거야.

집에서 나오는 음식 찌꺼기를
식물의 먹이로 바꾸는 과정을 비료화라고 해.
이렇게 하면 매립지로 가는 음식 쓰레기를 줄이고,
새 생명을 키울 수 있어. 새 음식도 생기겠지?

↑ 비료화 처리 통

비료화를 하면 음식 쓰레기를 줄이고
지구를 더 비옥하게 가꿀 수 있어.
어떻게 하는지 살펴볼까?

비료화 과정

음식 쓰레기를 비료로 만드는 여러 방법이 있어. 도시 아파트에 살건 시골 농장에 살건 상관없이, 음식 쓰레기를 식물의 먹이로 바꿀 수 있어!

작은 뒤뜰에서도 할 수 있어. 뜰이 없다면 아파트 단지의 좁은 야외 공간에서도 충분히 비료를 만들 수 있어.

필요한 것

정원이나 뒤뜰의 햇볕이 잘 드는 곳 / 비료화 처리 통 / 음식 쓰레기 / 마른 갈색 나뭇잎, 나뭇가지, 깎은 풀 또는 마른 식물 / 물

이건 비료로 만들 수 있니?

그럼!

채소 / 과일 / 곡물 / 차와 커피 / 정원 쓰레기 / 달걀 껍데기

아니!

     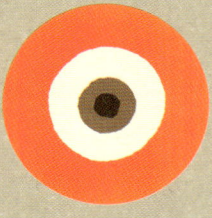

고기 / 치즈 / 기름 / 똥 / 장난감 / 유리 눈알

← 뚜껑 달린 비료화 처리 통

← 음식 쓰레기와 마른 정원 쓰레기를 번갈아 겹겹이 쌓기

← 나뭇잎
← 나뭇가지

좋아!

1 적당한 장소 찾기

비료화 처리 통을 햇볕이 잘 드는 뜰에 둬. 매일 쉽게 가 볼 수 있지만 다른 사람에게 방해되지 않는 곳을 찾아봐. 지렁이와 다른 벌레들이 음식 쓰레기에 닿을 수 있도록 통은 맨땅에 두어야 해.

2 기본 층 만들기

마른 나뭇가지와 잎으로 갠 아래 흙을 한번 덮어 줘. 공기가 통해 비료가 썩는 것을 도와주거든.

3 음식 쓰레기 쌓기

나뭇가지와 나뭇잎 위에 음식 쓰레기를 쌓아 줘. 10 cm 높이가 될 때까지 매일 음식 쓰레기를 넣어 줘야 해.

4 마른 정원 쓰레기 쌓기

음식 쓰레기 위에 정원 쓰레기를 쌓아. 잎, 깎은 풀, 나뭇가지 같은 죽은 갈색 생물들을 넣어 주는 거야. 이것도 10 cm 높이가 될 때까지 채워 줘.

5 반복하기

음식 쓰레기 층과 정원 쓰레기 층을 번갈아 쌓아. 매립지에 버릴 음식 쓰레기를 줄이는 중이란 걸 잊지 마!

6 기다리기

좋은 비료가 되려면 3~12개월이 걸려. 날씨가 어떤지, 비료에 무엇이 들어갔는지, 지렁이들이 얼마나 열심히 일하는지에 따라 걸리는 시간이 달라져. 그러니 마음의 준비를 해. 인내심이 필요할 거야.

7 조금 더 기다리기

3~12개월은 정말 정말 정말 긴 시간이야! 기다리는 동안, 완성된 비료를 어디에 사용할지 미리 생각해 둬.

8 완성되었는지 살펴보기

완성된 비료는 색이 어둡고 잘 바스러져. 좋은 냄새도 느지. 이제 친절한 어른에게 비료를 사용해도 되는지 물어봐.

9 식물에게 비료 주기

비료가 다 만들어지면 집, 정원에서 키우는 식물이나 동네 나무에 비료를 줄 수 있어. 용기만 있다면 바나나 나무도 키울 수 있을 거야.

⑤ 열심히 참여하기!

어떤 문제를 진지하게 고민하고 있다면,
네 생각이 이루어지도록 행동으로 옮기는 게 필요해.
다른 사람의 생각에 긍정적인 영향을 미칠 거야.

← 네가 믿는 것을 응원한다는 의미로
행진에 참여할 수도 있어.

또는 동네 슈퍼마켓에 과일과 채소를
담는 비닐봉지를 줄여 달라고 정중히
편지를 써서 부탁해 봐.

↑ 바나나는 바나나 그대로!

목소리 높이기

가족과 친구들에게 쓰레기를 줄이고, 재사용하고, 재활용하자고 말해 봐. 더 많은 사람들이 쓰레기 문제에 관심을 가질수록, 우리는 지구를 위해 더 큰 변화를 만들 수 있어.

생일 선물로 공장에서 만든 물건보다는 식물이나 나무를 골라 봐.

깨끗하게 치우기

쓰레기를 치우면서 즐거운 시간을 보내는 많은 사람들이 있어. 동네 공원, 놀이터, 해변을 깨끗하게 치우는 지역 공동체 활동에 참여해 봐.

한 걸음 더 나가기

지구를 지키기 위해 노력하는 단체와 사람들을 적극적으로 응원해 줘. 지구를 생각하지 않고 자기 마음대로 행동하는 사람은 피하는 게 좋아.

너와 나, 우리 가족과 친구들은 모두 작고
아름다운 행성인 지구에 잠시 왔다 가는
관리인일 뿐이야.

지구는 우리의 유일한 집이야. 그러니 우리가
함께 돌봐야 해. 이 책에서 말한 대로, 우리의
소중한 지구를 깨끗하게 해 줘. 얼마 지나지
않아 더 많은 사람들이 너와 뜻을 함께할 거야.

좋은 사람들이 좋은 일을 할 때 긍정적인
변화가 일어나. 네가 그 변화를 만들 수 있어.
지구는 네가 필요해!

사랑을 담아,
아서에게

이 책은 쓰레기의 복잡한 개념을 간단하게 소개하고 있어요. 쓰레기는 지구상 모든 생명체의 삶에 매우 중요한 문제예요. 이 책은 어린이들이 쓰레기 문제에 관심을 갖는 데 긍정적인 첫걸음이 될 거예요. 책에 실린 방법들이 어린이들의 마음을 사로잡을 만큼 이해하기 쉽고, 매일 실천할 수 있을 만큼 간단하기를 바라요.

필립 번팅

북극곰 궁금해 시리즈 10

지구는 네가 필요해!

2021년 2월 19일 초판 1쇄 ‖ 2025년 4월 1일 초판 6쇄

글·그림 필립 번팅 ‖ 옮김 황유진
편집 이지혜, 노한나 ‖ 디자인 전다은, 기하늘 ‖ 마케팅 이상현, 신유정, 오창호
펴낸이 이순영 ‖ 펴낸곳 북극곰 ‖ 출판등록 2009년 6월 25일 (제 300-2009-73호)
주소 서울시 마포구 독막로 320 B106호 ‖ 전화 02-359-5220 ‖ 팩스 02-359-5221
이메일 bookgoodcome@gmail.com ‖ 홈페이지 www.bookgoodcome.com
ISBN 979-11-6588-072-9 77400 ‖ 979-11-89164-60-7 (세트)

YOUR PLANET NEEDS YOU!
Copyright © Philip Bunting 2020 First published in Australia by Little Hare Books, an imprint of Hardie Grant Egmont
All rights reserved including the rights of reproduction in whole or in part in any form.
Korean translation copyright © 2021 by BookGoodCome
Korean translation rights arranged with Little Hare Books, an imprint of Hardie Grant Egmont through EYA(Eric Yang Agency)

이 책의 한국어판 저작권은 EYA(Eric Yang Agency)를 통해 Little Hare Books, an imprint of Hardie Grant Egmont와
독점 계약한 북극곰에 있습니다. 저작권법에 의하여 한국 내에서 보호를 받는 저작물이므로 무단 전재 및 복제를 금합니다.

품명 : 도서 | 제조자명 : 북극곰 | 제조국명 : 대한민국 | 사용연령 : 3세 이상
주의! 책 모서리가 날카로우니, 던지거나 떨어뜨려 다치지 않도록 주의하세요.
잘못된 책은 구입한 곳에서 바꾸어 드립니다.

도서출판 북극곰